AF332853

ÉLÉMENTS

DE LA

GRAMMAIRE

FRANÇOISE

A l'usage des Enfants qui apprennent
à lire,

Précédés de la Méthode naturelle pour apprendre
à lire.

par F. D. Rivard

A PARIS,

Chez BUTARD, Imprimeur - Libraire , rue
Saint Jacques, à la Vérité.
Et chez la Veuve ROBINOT, Libraire, Quai
des Augustins.

M. DCC. LX.

AVEC PRIVILEGE DU ROI.

PRÉFACE.

RIEN n'eſt plus diſgracieux & plus re-
butant que d'apprendre ce qu'on n'entend pas ; outre que l'on a beaucoup
plus de peine à y parvenir, on a le déſagré-
ment d'être obligé d'employer un temps bien
plus long, parce que l'eſprit n'agit pas alors
de concert avec la mémoire, & que l'intelligence des choſes qu'on veut apprendre, eſt une
préparation, ſi ce n'eſt pas abſolument néceſſaire, au moins très-utile pour les retenir.
Mais quand on ne conſulteroit pas l'expérience, on feroit aſſuré de ce que nous avançons
ici : en effet, ceux qui ont fait quelque uſage
de leur eſprit pour apprendre les Sciences, ont
connu par eux-mêmes la vérité de ce que nous
diſons : ils ont éprouvé qu'on ne peut retenir
ce qu'on n'entend pas, qu'avec une application très-longue & très-pénible. Chacun peut
ſentir ſoi-même combien ce que nous diſons
eſt véritable, s'il veut apprendre par cœur quelques pages d'un Livre dans une Langue qu'il
n'entend pas.

Si donc on veut que les Enfants ne ſoient
pas rebutés quand on leur montre à lire, & ſi
on veut leur épargner les peines & les déſa-
gréments qu'ils ne manquent pas de reſſentir,
lorſqu'on ſe ſert à leur égard de la méthode,
ou plutôt de la routine ordinaire qui ne fournit aucun principe, aucune lumiere pour les
éclairer & les guider dans la carriere dans la-

a

quelle on les fait marcher, il faut tâcher de les
former à la lecture avec intelligence. C'est le
moyen d'exciter en eux l'émulation, qualité
ſi néceſſaire pour l'étude & l'application, que
ſans elle on n'éprouve que dégoût & que peine
dans cette eſpece de travail. S'ils ne ſont pas
éclairés par l'intelligence, ils ſont comme des
aveugles qui veulent aller quelque part ; ils
ne font le chemin qu'avec peine & avec déſa-
grément, quand même ils marcheroient ſur
une belle levée dans la campagne, dont les
différents objets réjouiſſent les autres Voya-
geurs. Le Pere Lami, de l'Oratoire, dans ſes
Entretiens ſur les Sciences, apporte une autre
comparaiſon pour faire ſentir le ridicule de la
maniere d'enſeigner, qui n'eſt pas accompa-
gnée d'une lumiere capable d'éclairer ceux que
l'on prétend inſtruire. Voici ce qu'il fait dire
à un des Interlocuteurs, [quatrieme Entretien
vers le milieu :] » Quand je me ſouviens de
» la maniere qu'on m'a enſeigné, il me ſem-
» ble qu'on me mettoit alors la tête dans un
» ſac, & qu'on me faiſoit marcher à coups de
» fouet, me châtiant cruellement toutes les
» fois que n'y voyant pas, j'allois de travers,
» car en vérité je n'y voyois goutte, & la mê-
» me choſe m'arrivoit que ſi on m'eût fermé
» les yeux «. Voilà comment s'explique ce
célebre Auteur ſur cette maniere d'enſeigner
deſtituée de lumiere. Or pour éviter ce défaut, il paroît qu'il eſt néceſſaire d'apprendre
aux Enfants quelques notions de la Grammaire Françoiſe, afin qu'ils puiſſent diſtinguer
les parties du diſcours les unes des autres, &
qu'ils ſçachent même conjuguer les Verbes,
ſans quoi ils ne pourront s'aſſurer comment il
faut prononcer un grand nombre de mots ou
de ſyllabes, dont pluſieurs s'écrivent de la même maniere, quoiqu'elles ſe prononcent tou-

différemment, tandis que d'autres s'écrivent d'une manière différente, & se prononcent cependant de la même maniere. Comment, par exemple, fera-t-on entendre aux enfants que de ces deux mots, *aiment* & *mouvement*, la fin de l'un doit se prononcer d'une façon toute différente de celle de l'autre, quoique la terminaison soit la même, s'ils ne sçavent ce que c'est qu'un Nom, un Verbe, une Personne, un Plurier ? au lieu que si on a donné les notions de ces choses à un enfant, il sera facile de lui faire comprendre les cas où *ent* à la fin d'un mot ne se prononce que comme un *e* muet, sçavoir à la troisieme personne du plurier des verbes, & que ces mêmes lettres se prononcent tout autrement à la fin des noms & des adverbes ; il suffira pour cela de lui en apporter plusieurs exemples.

Mais si on fait attention qu'il n'y a rien de plus nécessaire pour apprendre à parler françois, que de sçavoir la conjugaison des verbes, puisqu'il n'y a point de phrases qui n'en contiennent quelqu'un, peut-on négliger un moyen aussi nécessaire que celui-là pour apprendre sa Langue, qui ne peut se suppléer que par un très-long usage, & presque toujours fort imparfaitement ? D'ailleurs, puisqu'on fait communément apprendre à écrire aux enfants, il est naturel qu'on les mette en état de faire usage de l'écriture : or quel usage peut-on en faire quand on n'a pas au moins quelques principes d'orthographe, & quels principes en peut-on avoir, si on n'a pas les premieres notions de la Grammaire Françoise, surtout par rapport aux terminaisons des verbes dans leurs différents temps & leurs différentes personnes, soit au singulier, soit au plurier ? Comment leur faire sentir qu'il faut écrire *est* plutôt que *et*, *sont* plutôt que *son*, s'ils ne sçavent ce que c'est qu'un verbe, une conjugaison, un pronom ou un nom; ou bien qu'il faut mettre *se*, *ses* & *s'est*, plutôt que *ce*, *ces* & *c'est*, s'ils ne connoissent pas la différence des pronoms? Ils mettront indifféremment *il parle*, *ils parlent*; *vous parlerai*, *vous parlerez*, s'ils ne sçavent pas la conjugaison des verbes. On pourroit citer une infinité d'autres exemples qui feroient voir qu'on est exposé à chaque instant à tomber dans les fautes les plus grossieres contre l'orthographe, quand on n'a point de connoissance des principes de la Grammaire Françoise.

Quelques personnes croiront peut-être que les enfants ne sont pas en état de comprendre les notions de la Grammaire, celles même qui sont les plus simples: mais si on peut leur faire entendre les matieres qui sont traitées dans leur Catéchisme, dont la plûpart sont plus difficiles à concevoir que les notions dont il s'agit, pourquoi ne pourroit-on pas leur faire entendre ces notions, sur-tout en se servant d'exemples de mots qui leur sont déja connus, soit pour les noms, soit pour les pronoms, soit pour les verbes, &c? On a prouvé dans la Préface de l'*Instruction pour la Jeunesse*, que les enfants ont plus d'intelligence qu'on ne le croit communément. Il ne s'agit que de leur présenter les choses avec clarté & avec méthode, & de trouver le moyen d'attirer leur attention pour leur faire bien entendre la signification des termes dont on veut se servir, & de les arrêter quelque temps à l'explication qu'on leur en donne, en la leur faisant répéter jusqu'à ce qu'ils joignent aisément au son des mots les idées qu'ils signifient. C'est donc avec raison que nous supposons que les enfants sont capables d'entendre les premieres notions de la Grammaire: c'est même une vérité fondée sur l'ex-

périence ; & comme d'ailleurs cela eſt néceſſaire , ſoit pour les diriger & les éclairer dans
la lecture , ſoit pour leur apprendre à parler ,
ſoit pour leur faire éviter les fautes les plus
groſſieres contre l'orthographe , nous avons
cru que nous pourrions leur être de quelque
utilité en leur fourniſſant un moyen de s'inſtruire de ces notions : c'eſt ce qui nous a en-
gagé à compoſer ces élémens de la Grammaire Françoiſe que nous avons tâché de mettre
à la portée des enfants , en donnant des défi-
nitions & des notions les plus claires qu'il nous
a été poſſible. Si nous avons mis quelques no-
tes un peu plus difficiles au bas des pages , ce
n'eſt pas afin qu'ils les apprennent , mais plutôt afin que les Maîtres ou les Maîtreſſes les
leur expliquent quand ils le jugeront utile. En
général il eſt à propos de ne faire preſque apprendre par cœur à la plûpart des enfants , que
les demandes & les réponſes avec les conjugai-
ſons des verbes.

Nous avons placé à la tête de la Grammaire
un petit Écrit qui contient les moyens d'apprendre à lire facilement & en peu de temps :
il me ſemble que ce n'eſt pas trop avancer que
de dire qu'un enfant qui connoît les lettres &
qui a des diſpoſitions ordinaires , c'eſt-à-dire ,
qui ne manque pas abſolument d'ouverture
d'eſprit , ſans cependant avoir une pénétration
au-deſſus du commun , & qui a un peu d'application , peut apprendre à lire aſſez bien environ dans ſix ſemaines ou deux mois. Nous
réduiſons ces moyens à quatre, avec leſquels on
peut apprendre aux enfants à épeller & à trouver le ſon des ſyllabes d'une maniere naturelle &
incomparablement plus aiſée qu'en ſe ſervant
de l'ancienne routine.

Nous allons tâcher de le faire ſentir en peu

de mots par une expofition fommaire de la mé
thode que nous propofons, afin que les Lec
teurs puiffent en juger par eux - mêmes, &
voient qu'on ne veut pas leur en impofer: voi
ci donc les quatre moyens dont nous voulon
parler. 1°. Il faut changer les dénomination
des confonnes, & les nommer à l'aide de l'
muet qu'on imagine à leur fuite ; on dira don
fe, *le*, *me*, *ne*, &c. au lieu de dire *effe*, *elle*,
emme, *enne*. 2°. On donnera à l'*e* muet le fo
qu'il a dans l'article *le* & dans les pronoms *mé*,
te, *fe*. 3°. On nommera par un feul fon l'af
femblage de deux ou trois confonnes qui fôm
de fuite dans une feule fyllabe, en fe fervam
auffi de l'*e* muet comme pour nommer chaqu
confonne féparément: ainfi pour épeller le mo
france, on nommera les confonnes *f* & *r* en
femble en difant *fre*. 4°. Enfin il faut auffi nom
mer par un feul fon chaque voyelle compô
fée, comme *ai*, *eau*; chaque voyelle nafalé
comme *an*, *on*, & chaque diphtongue, comm
oi, *ie*.

Cela pofé, on va voir que rien n'eft plus na
turel que d'épeller une fyllabe en fe fervam
des quatre préliminaires que nous venons d'in
diquer, qui font comme autant de principe
pour faciliter la lecture. Il faut encore obfer
ver une chofe qui fe pratique également dan
l'ancienne méthode comme dans la nouvelle,
mais qui devient plus fimple dans celle-ci;
c'eft que quand on épelle, après avoir fait fon
ner l'*e* muet en nommant une confonne ou
l'affemblage de plufieurs, il faut fupprimer l
fon de cet *e* quand on joint la confonne ou le
confonnes avec la voyelle : ainfi pour expri
mer le fon de ces mots *mon* & *par*, je ne dira
pas, *meone*, *peare*, mais je fupprimerai l'*e* muet
qui eft à la fuite de chaque confonne, d'où réful

teront les sons *mon* & *par* que je cherche. A préfent voyons comment nous épellerons le mot *france* : je dirai *fre an*, *fran*, *ce eu*, *ce*, *france* (*a*). Il n'y a rien de plus conforme à la nature que cette maniere d'épeller, puifque les fons des parties d'une fyllabe conduifent à celui de la fyllabe, & y ont un rapport fi naturel, qu'avec les premiers on voit quel doit être celui qu'on cherche ; au lieu que felon l'ancienne méthode il faudroit prononcer d'abord les quatre lettres de la premiere fyllabe, dont les fons raffemblés n'ont aucun rapport avec celui de cette fyllabe : d'ailleurs pour la derniere, cette méthode induiroit à dire *cé*, & non pas *ce* ou *ceu*. Epellons encore les deux mots *maifon*, *manteau* ; je dirai *me ai*, *mai*, *fe on*, *fon*, *maifon* (*b*), & enfuite *me an*, *man*, *te eau*, *teau*, *manteau*. Il n'eft pas néceffaire de faire voir en détail que les fons qu'on donne à chaque lettre en particulier quand on veut épeller ces mots felon l'ufage ordinaire, n'ont aucune reffemblance avec celui de la fyllabe, quoiqu'on emploie ces premiers fons pour trouver ce dernier ; en quoi on ne peut s'empêcher, quand on y fait réflexion, d'être furpris du ridicule & de l'abfurdité de cette prétendue méthode qui prend pour parvenir au but qu'on fe propofe, qui eft de trouver le fon d'une fyllabe, des moyens qui, non-feulement n'y conduifent pas, mais qui y font même oppofés.

Je prie qu'on me permette encore la confi-

(*a*) On fera voir qu'il vaudroit encore mieux ne point épeller une fyllabe, & fur-tout la derniere, quand elle contient un *e* muet, & nommer cette fyllabe tout d'un coup fans épeller.

(*b*) Nous dirons dans la fuite que quand le *f* eft entre deux voyelles, il prend alors le fon du *z* ; & c'eft ce qui arrive dans le mot *maifon*.

dération suivante, pour mieux faire sentir à laquelle des deux Méthodes il faut donner la préférence. N'est-il pas évident qu'un homme qui feroit usage de sa raison, pourroit, avec la connoissance des quatre préliminaires que nous avons exposés, parvenir à trouver le son des syllabes ? Cela paroît par les exemples que nous venons de proposer ; d'où je conclus que cette méthode est naturelle & fondée sur la raison : au lieu qu'il est impossible qu'un homme parvienne à trouver le son d'une syllabe, telle que la premiere du mot *France*, ou quelqu'autre, en employant les sons des quatre lettres qui la composent, si on donne à ces lettres les dénominations de l'ancienne méthode, en supposant même que cet homme a la plus grande pénétration : car les sons que cette méthode donne aux consonnes n'ayant point de rapport à celui de la syllabe, la raison & la pénétration ne servent de rien pour trouver le son de la syllabe par ceux des lettres qui la forment ; de même qu'une personne qui sçauroit lire, mais qui n'auroit aucune teinture de la Langue Françoise, ne pourroit, en lisant le mot *maison*, trouver ce que ce ce mot signifie ; par conséquent cette méthode n'est nullement naturelle ni appuyée sur la raison : il faut donc l'abandonner si on ne veut pas être en opposition avec la raison & la heurter de front.

On dira peut-être que la méthode que nous proposons conviendroit tout au plus aux personnes qui ont l'esprit formé & qui sçavent raisonner, mais qu'il seroit inutile de vouloir en faire l'application aux enfants qui n'ont pas encore l'usage de la raison, & que puisqu'on est venu à bout d'apprendre à lire à une infinité d'enfants avec l'ancienne méthode, c'est une marque qu'elle est naturelle.

Je réponds en premier lieu , que quoique dans les enfants la raison ne soit pas encore développée, il y a néanmoins un instinct qui est un fond & un germe de raison qui leur fait sentir ce qui est naturel en certaines choses, sans qu'ils soient en état d'expliquer les raisons de ce qu'ils sentent ; de même qu'un homme qui a l'esprit droit, mais qui n'a point été cultivé, sent le défaut d'un mauvais raisonnement qu'on lui propose , sans pouvoir expliquer contre quelle regle de Logique il péche. Nous avons déja dit que les enfants ont plus d'intelligence qu'on ne pense communément. Sans sortir de notre sujet , on en a une très-bonne preuve de ce qu'ils apprennent enfin à lire par l'ancienne méthode , malgré les difficultés qui s'y rencontrent, qui paroissent insurmontables à leur égard.

Je dis en second lieu , qu'il ne s'ensuit pas que l'ancienne méthode soit naturelle , de ce que l'on a appris à lire par son moyen à une infinité d'enfants. Il en est des habitudes de l'esprit comme de celles du corps: on vient à bout par des efforts réitérés souvent, & en faisant violence à la nature , de changer les dispositions naturelles , soit du corps , soit de l'esprit. Il y a des Peuples qui sont parvenus à changer leur goût naturel , & à se nourrir avec plaisir de choses qui sont tout-à-fait rebutantes: c'est ainsi que dans quelques endroits les Habitants boivent avec agrément des huiles grossieres & dégoûtantes, capables de faire soulever le cœur à d'autres : & par rapport à l'esprit , les personnes qui ont quelque connoissance des siécles précédents , sçavent que ce qui étoit admiré dans certains temps en fait de Belles-Lettres & de plusieurs Arts , comme l'Architecture & la Peinture, n'excitent au-

jourd'hui dans les Connoisseurs que des senti-
mens de pitié & de mépris. Les meilleurs es-
prits & les plus grands génies de ces temps-là
étoient entraînés par la force d'une mauvaise
éducation, & obligés de succomber sous le
poids & la contagion des mauvais exemples.
Quand on dit qu'il faut retenir l'ancienne méthode d'apprendre à lire, à cause qu'on a en-
seigné pendant long-temps à lire aux enfants
par cette méthode, y fait-on bien réflexion?
Faudra-t-il donc reprendre l'usage d'enseigner
le Latin en mettant *Despautere* entre leurs
mains, parce qu'il y a eu une infinité de personnes qui ont appris le Latin dans leur enfance en se servant de cet Auteur, qui propose
en latin les regles de la Grammaire Latine,
c'est-à-dire, en une Langue que n'entendent
pas ceux à qui on propose de s'en servir? J'ai-
merois autant qu'on soutînt qu'il faut encore
aujourd'hui se servir des Moulins à bras pour
moudre du bled, parce qu'on s'en est servi
avant l'invention des Moulins à eau & des Moulins à vent. Non, cette prétention ne seroit
pas plus déraisonnable que l'objection à laquelle
nous répondons.

On ne manquera pas de dire encore que la
méthode que nous proposons, suppose plusieurs
connoissances qui demandent un temps assez
long pour les acquerir, sçavoir celle des sons
de deux ou de trois consonnes réunies ensem-
ble; & comme on peut faire un nombre prodi-
gieux d'assemblages de consonnes réunies deux
à deux & trois à trois, il y aura pour ainsi dire
une infinité de ces sons à retenir. Ajoutez la
connoissance des sons des voyelles composées,
des voyelles nasales & des diphtongues qu'on
seroit obligé d'apprendre. Or il faudroit peut-
être plus de temps pour parvenir à toutes ces

connoiſſances, qu'il n'en faut pour commencer à lire par l'ancienne méthode : ainſi tout
conſidéré, il vaut encore mieux continuer à
s'en ſervir.

Il paroît bien par l'expoſé que nous venons
de faire de cette objection, que nous n'en dé-
guiſons pas la force : mais on va voir que toute cette difficulté n'eſt qu'un vain phantôme
aiſé à diſſiper. Premierement, quand ce qui eſt
rapporté dans l'objection ſeroit vrai, cela n'em-
pêcheroit pas qu'on ne dût retenir la pratique
des deux premiers articles touchant le changement de dénomination des conſonnes & de
l'e muet : & pour ce qui eſt des deux derniers
articles, il s'en faut bien que les choſes ſoient
comme on les repréſente ; car quant aux aſſemblages des conſonnes, il n'y en a qu'environ vingt-deux qui ſoient d'uſage en les mettant deux à deux, parce que prenant une conſonne en particulier, elle ne peut pas s'aſſem-
bler avec chacune des autres pour faire un ſon,
mais ſeulement avec deux ou trois ; il n'y a
gueres que le *p* auquel on puiſſe en joindre quatre l'une après l'autre. D'ailleurs comme toutes les dénominations de ces aſſemblages ſe font
par le ſecours de l'e muet, & que les enfants
ſeront accoutumés au ſon de cet *e* joint avec
les conſonnes priſes ſéparément, en apprenant
l'alphabet, ils trouveront d'eux-mêmes le ſon
de deux conſonnes réunies, au moins après
qu'on leur en aura montré deux ou trois éxem-
ples : ainſi quand on leur aura dit qu'il faut
prononcer *bl*, *br*, comme s'il y avoit *ble*, *bre*,
ils ſentiront aiſément qu'il faut nommer *cl*, *cr*,
comme *cle*, *cre* : mais quand bien même il faudroit leur faire répéter quatre ou cinq fois
les vingt-deux aſſemblages que nous mettons
dans la Table que nous en faiſons, cela ne de-

manderoit, comme on voit, qu'un temps fort court. Pour ce qui eſt des aſſemblages de trois conſonnes, les enfants les nommeront aiſé-ment quand ils connoîtront ceux qui n'en con-tiennent que deux : d'ailleurs ces aſſemblages de trois conſonnes ſont en très-petit nombre & très-rares. Quant aux voyelles compoſées, il n'y en a qu'environ 10 ou 12 qui ſoient d'un uſage commun, & ces voyelles compoſées il faut les apprendre également dans l'ancienne méthode comme dans la nouvelle, ou de ſuite, ou à me-ſure qu'elles ſe rencontrent. Il faut en dire de même des voyelles naſales & des diphtongues, qui ſont à peu près en même nombre que les voyelles compoſées, en ne prennant que celles qui ſont un peu en uſage. On voit préſentement que l'objection propoſée ſe réduit à rien.

Nous avons cru qu'il étoit de l'intérêt de la vérité de diſſiper ces nuages, qui pourroient l'obſcurcir à l'égard de ceux qui n'y auroient pas fait aſſez d'attention : mais il nous ſemble que ce que nous avons dit ſuffit pour ceux qui cherchent ſincérement la vérité & l'utilité des enfants. Pour ce qui eſt des autres qui ne ſe donnent pas la peine de chercher ce qui ne ſe trouve pas dans leur tarif, ou qui ſont bien aiſes de continuer à ſuivre leur ancienne routine, il eſt inutile de leur déduire des raiſons : ne pouvant mieux faire, nous les abandonnons à leur ſort (c).

Au reſte nous ne prétendons pas avoir fait

(c) La Méthode imprimée en 175⊙ chez **J. H. Butard**, à la Vérité, qui a pour titre : *La vraie Méthode pour enſeigner à lire*, mérite une diſtinction particuliere par les précautions & les expédients que l'Auteur propoſe, afin de faciliter le progrès des enfants, & éviter les in-convénients de l'ancienne dénomination des conſon-nes : mais il vaudroit encore mieux la changer, & ſe ſer-vir de la nouvelle.

de nouvelles découvertes fur cette matiere :
nous profitons de celles qui ont été faites en
differents temps, à commencer à celui auquel
parut pour la premiere fois la Grammaire gé-
nérale & raifonnée, connue fous le titre de
Grammaire de Port-Royal, c'eft-à-dire en 1660:
il y a précifément un fiécle en cette année
1760 : c'eft-là où l'on trouve les fondements
de la nouvelle Méthode pour apprendre à lire.
M. Duclos, Sécretaire perpétuel de l'Acadé-
mie Françoife, dans fes Remarques fur cette
Grammaire (*d*), après le Chapitre VI, qui
contient les principes de cette Méthode, en
fait un éloge que nous croyons devoir rappor-
ter ; voici donc comme il parle : »Tout ce
» Chapitre eft excellent, & ne fouffre ni ex-
» ception ni réplique. Il eft étonnant que l'au-
» torité de P. R. furtout dans ce temps-là, &
» qui depuis a été appuyée de l'expérience,
» n'ait pas encore fait triompher la raifon des
» abfurdités de la méthode vulgaire. C'eft d'a-
» près la réflexion de P. R. que le Bureau
» Typographique a donné aux lettres leur dé-
» nomination la plus naturelle, *te*, *le*, *me*, *ne*,
» *vé*, &c. & non pas *effe*, *elle*, *emme*, *enne*, *v*
» confonne. Cette Méthode l'emportera tôt ou
» tard fur l'ancienne, par l'avantage qu'on ne
» pourra pas enfin s'empêcher d'y reconnoî-
» tre ; mais il faudra du temps «. Le fuffrage &
l'autorité d'un tel garant doit faire impreffion
fur l'efprit de ceux qui ont fuivi leur préjugé
jufqu'à préfent.

Si cette nouvelle Méthode fi excellente & fi
fi fupérieure à l'ancienne, au moins pour le

______

(*d*) Elle a été imprimée de nouveau avec les Remarques de M. Duclos en 1756, & fe vend chez Prault, fils
aîné, Quai de Conti, à la Charité.

fond, ne l'a pas encore bannie & exclue de toutes les Ecoles, comme il feroit à fouhaiter pour le progrès de l'éducation de la Jeuneffe ; & fi jufqu'à préfent elle a trouvé des oppofitions, elle a cela de commun avec la plûpart des nouvelles découvertes qui ont été faites depuis environ un fiécle ; car quoiqu'il y en ait un grand nombre de très-utiles & très-importantes, elles ont néanmoins éprouvé de très-grandes contradictions dans les commencements : telles font la pefanteur de l'air dans la Phyfique, la circulation du fang & l'ufage du mercure dans la Médecine, & par rapport aux Arts l'ufage du balancier pour battre monnoie, &c. Je ne crains pas de comparer les obfervations qu'on a faites pour faciliter la lecture, aux découvertes qui font les plus vantées & les plus eftimées touchant les Arts & les Sciences, même les plus relevées, quoique parmi ces découvertes il y en ait qui font admirables & très-importantes : & pour en citer un exemple en particulier, je ne crois pas que ce feroit exagérer de dire que ces obfervations qui ont perfectionné l'art d'apprendre à lire, font plus utiles & plus précieufes que la découverte des Logarithmes dans l'Arithmétique, invention admirable & d'une utilité merveilleufe pour les calculs, furtout ceux de l'Aftronomie. En effet, on doit eftimer les nouvelles découvertes à proportion de leur utilité & des avantages qu'en retire un grand nombre de perfonnes. Or, quoi de plus utile & de plus avantageux qu'une Méthode avec laquelle on peut faire en trois ou quatre mois, & fouvent en moins, ce que l'on fait à peine en une année pour l'ordinaire, ou même dix-huit mois, en fuivant l'ancien ufage ? Je dis plus ; combien y a-t-il d'enfants, de jeunes gens, & d'autres qui ne parviennent jamais à sçavoir lire en suivant cet usage, soit parce qu'ils ont peu de mémoire & d'ouverture, soit à cause qu'ils manquent d'application, étant rebutés par les difficultés qu'ils rencontrent, soit parce que leurs parents, surtout ceux de la campagne, leur laissent peu de temps pour assister aux Ecoles, & qui néanmoins y parviendroient si l'on se servoit à leur égard d'une Méthode plus facile & plus naturelle ! Il y a tant de choses à apprendre aux enfants, soit pour les instruire des principes de la Religion, soit pour leur en montrer l'histoire, celle de l'Ancien Testament en particulier, avec celle de la vie de Notre-Seigneur, soit pour leur apprendre différentes connoissances, comme celle des principes de la Grammaire Françoise, des premieres opérations de l'Arithmétique, & autres semblables dont on ne peut presque se passer dans la Société, & sans lesquelles on y est comme étranger ; il y a, dis-je, tant de choses à apprendre, que l'on ne sçauroit trop ménager le temps. Quel reproche n'a-t-on donc pas à se faire quand on en est un dissipateur infidele, & qu'on le perd inutilement en employant une année entiere, & peut-être plusieurs, à faire ce que l'on pourroit exécuter en peu de mois, surtout pour acquérir une connoissance sans laquelle on ne peut en montrer d'autres que dans un temps fort long & avec de grandes peines ? car quelle peine ne faut-il pas se donner pour enseigner les moindres choses aux enfants lorsqu'ils ne sçavent pas encore lire ? Je n'ai garde de parler ici des Maîtres remplis de piété qui désirent retenir les enfants dans leur Ecole uniquement pour leur être utile. Je respecte leur intention ; mais je crois qu'ils pourroient parvenir à leur but en faisant quelque usage de ce que nous indiquons dans la Note (e).

Mais ce n'est pas seulement les enfants qu'il faut considérer ici ; car il y a un grand nombre d'autres personnes qui ont eu le malheur

(e) Lorsque les enfans sont parvenus à l'âge de dix ou douze ans, on pourroit, si le temps & les autres circonstances le permettoient, choisir dans les sciences les plus utiles les connoissances qui leur conviendroient le mieux. Nous allons en proposer plusieurs, afin que les Maîtres puissent faire le choix de celles qu'ils jugeront à propos. Dans l'Anatomie, ce que c'est que le cœur, ses deux cavités ou ventricules, ses mouvemens, les poumons, l'estomac, la distinction des veines & des arteres, de la poitrine & de l'estomac, des muscles & des nerfs, l'usage de ces parties, la circulation du sang ; donner lieu aux enfants d'admirer la sagesse de Dieu & sa bonté pour les hommes par les choses même qui paroissent à l'extérieur de l'homme, & qui ne supposent pas la connoissance de l'Anatomie, comme l'emplacement des yeux, leur enfoncement si nécessaire à leur conservation, la situation des dents, leurs différentes figures proportionnées à nos besoins, leur dureté, &c. Dans la Géographie les différentes especes de zones, & les principales diversités qui s'y rencontrent, surtout par rapport à la longueur des jours, les principaux cercles qu'on imagine sur la terre & dans le ciel, comme l'Equateur, les Tropiques, les Méridiens, & les deux points qu'on appelle *Poles* ; les dégrés de latitude & de longitude ; donner aux enfants une idée des quatre parties du Monde, & une connoissance un peu plus étendue de l'Europe & de la France en particulier ; faire remarquer surtout les grandes Rivieres, leurs cours, & les grandes Villes par lesquelles ou auprès desquelles elles passent. Dans l'Astronomie, le double mouvement des astres, l'un vers l'Orient, l'autre vers l'Occident, les quatre points qui partagent l'année en quatre saisons, deux desquels son appellés *Equinoxes*, & les deux autres *Solstices* ; faire remarquer que les jours augmentent pendant six mois, & diminuent ensuite pendant six mois ; les différentes phases ou apparences de la Lune ; la différence de l'année solaire à l'année lunaire ; c'est de-là que viennent les épactes. Dans l'Histoire naturelle, plusieurs remarques curieuses

d'être négligés pendant leur enfance & leur
jeuneſſe juſqu'à n'avoir pas appris à lire, &
qui en conſéquence font dans l'ignorance la
plus groſſiere de la plûpart des vérités de la Religion & des devoirs qu'elle preſcrit ; qui ſont
même hors d'état d'exercer pluſieurs miniſté-
res qui, en leur procurant à eux-mêmes leur
ſubſiſtance, contribueroient à l'utilité des autres. Pluſieurs de ces perſonnes conſacreroient
volontiers trois ou quatre mois, s'ils ſçavoient
que ce temps ſuffit pour qu'ils appriſſent à
lire ; mais leurs occupations ne leur permet-
tent pas d'employer un an ou dix-huit mois
pour tenter une entrepriſe qui peut-être ne
leur réuſſiroit pas à cauſe des difficultés qui ſe
rencontrent dans la Méthode ordinaire. Ainſi
ils reſtent toute leur vie dans une ignorance
craſſe des connoiſſances qui ſont au-deſſus des
ſens, (je ne parle que du plus grand nombre)

& intéreſſantes ſur les plantes & les animaux, en rap-
porter les différentes claſſes. Dans la Phyſique, la pe-
ſanteur & le reſſort de l'air, les différents effets de ſes
propriétés, les avantages que nous retirons de cet élé-
ment qui eſt néceſſaire à la reſpiration, & qui nous
fournit la roſée, les pluies, les fontaines ſans leſquel-
les la terre ſeroit ſtérile & inhabitable ; les utilités que
nous retirons des autres éléments, le feu, l'eau & la
terre ; faire remarquer l'attention de la Providence dans
la facilité que nous avons de faire du feu, & de trouver
de l'eau ou ſur la ſurface de la terre ou dans ſon inté-
rieur. Ces connoiſſances ne ſont pas au-deſſus de la
portée des jeunes gens de dix à douze ans, quand elles
leur ſont propoſées avec clarté. Les Maîtres les trouveront preſque toutes dans l'Inſtruction pour la Jeuneſſe imprimée à Paris en 1758. Pour ce qui eſt de
l'Hiſtoire naturelle, ils pourront conſulter les premiers
Tomes du Spectacle de la Nature ; & pour ce qui re-
garde la deſcription des parties générales du Monde,
& de la France en particulier, ils la trouveront dans
la Géographie abrégée, dédiée à Mademoiſelle Crozat,
ou bien dans la Géographie moderne, par M. l'Abbé
Nicole de la Croix.

ils font incapables de raifonner fur les chofes qui regardent la Société & la Religion : ils font même hors d'état de profiter des inftruc-tions publiques, faute d'avoir les connoiffan-ces préliminaires qui font néceffaires pour les entendre ; enfin ils ne peuvent faire ufage des talents que plufieurs d'entr'eux ont reçus de l'Auteur de la nature, pour remplir des places & exercer des fonctions dont ils pourroient s'acquitter à leur avantage & à celui du Pro-chain, s'ils avoient réparé après leur jeuneffe le défaut d'éducation qu'ils n'ont pas reçu dans le temps ordinaire. Cela fait voir de quelle im-portance font les obfervations que plufieurs perfonnes ont faites pour perfectionner l'art d'apprendre à lire : ajoutez que la lecture eft une occupation utile & honnête dont bien des perfonnes ne peuvent prefque fe paffer, fur-tout dans un certain âge ; de plus, la lecture étant la clef dont on fe fert pour entrer dans les Sciences, c'eft en favorifer l'acquifition que de procurer la facilité d'apprendre à lire.

Mais arrêtons - nous encore un moment à regarder les chofes du côté de la Religion ; car enfin c'eft le centre auquel tout doit aboutir. Confidérons combien eft trifte & fâcheufe la fituation de ceux qui ne fçavent pas lire : ils font privés du moyen de s'inftruire dont il eft le plus facile de faire ufage : car on prend & on lit un Livre quand on le veut ; on relit les mêmes chofes autant de fois qu'on le juge à propos ; on choifit même les différentes fortes d'inftructions, foit celles qui font tirées de l'E-criture - Sainte & de la Tradition, foit celles qui font tirées de l'Hiftoire, comme les Vies des Saints, afin de s'exciter à la piété : graces à la divine Providence, nous avons des Livres excellents fur toutes les matières de la Reli-

gion : il y en a pour les simples & les igno-
rants, comme pour les personnes déja instrui-
tes & les sçavants. Voilà donc un moyen toujours présent pour ceux qui sçavent lire ; mais
ceux qui ne le sçavent pas, ne peuvent se procurer des Sermons & autres instructions à leur
volonté, sur-tout dans les campagnes : & d'ailleurs, comme nous l'avons déja dit, souvent
ils ne sont pas en état d'en profiter.

Nous ne sommes plus dans les premiers siécles de l'Eglise, dans lesquels la lumiere venoit
de toute part & se répandoit partout : dans ces
temps heureux les parents étoient capables
d'instruire leurs enfants, & les autres Chrétiens que les jeunes gens fréquentoient, le pou-
voient aussi, parce qu'alors les Chrétiens faisant leur principale affaire de la Religion, ils
la méditoient, ils l'étudioient, & par-là ils
étoient assez instruits pour l'enseigner aux autres ; de même que les Marchands & les Ou-
vriers sont en état de bien parler de leur com-
merce, de leur profession, & de les montrer
à des Eléves. De plus, il suffisoit presque de
voir ce que les autres faisoient, pour sçavoir ce
que l'on avoit à faire : ces moyens & plusieurs
autres manquent aujourd'hui à ceux dont nous
parlons : de-là vient l'ignorance grossiere des
vérités de la Religion dans laquelle la plûpart de ces personnes croupissent. Or cette
ignorance est cause que plusieurs d'entr'eux
vivent & persistent dans le désordre sans re-
mords ; d'autres se croient fort en sûreté,
parce qu'ils observent certaines pratiques ex-
térieures de piété, & ne se mettent pas en peine d'en posséder l'esprit, d'autant qu'ils n'en
sentent pas la nécessité, & ne le connoissent
même pas. Ils n'ont garde de faire leurs efforts pour sortir de leur ignorance ; car ils

croient en fçavoir affez , & difent qu'ils feroient de grands Saints s'ils pratiquoient tout
ce qu'ils fçavent ; tandis que des perfonnes
qui s'occupent fort réguliérement à lire de
bons Livres depuis plufieurs années , quel-
ques-uns même depuis vingt à trente ans , &
plus encore , qui en outre affiftent aux inftructions publiques qu'ils font très - en état
d'entendre , s'apperçoivent affez fouvent qu'ils
ignorent bien des chofes fort importantes pour
le falut : c'eft qu'en effet l'étude de la Religion
eft de toute la vie (f) : ce font-là les triftes fuites
de l'ignorance. Pour en faire connoître les mauvais effets , M. l'Abbé Fleury , Auteur de l'Hiftoire Eccléfiaftique , la repréfente de la maniere fuivante dans fon troifieme Difcours ,
Article douze , dans le treizieme Tome :
″ L'ignorance , dit-il , n'eft bonne à rien , &
″ je ne fçais où fe trouve cette prétendue fim-
″ plicité qui conferve la vertu : ce que je
″ fçais , c'eft que dans les fiécles les plus téné-
″ breux , & chez les Nations les plus groffie-
″ res , on voyoit régner les vices les plus abo-
″ minables . . . . . C'eft que la concupifcence
″ eft en tous les hommes , & ne manque pas
″ de produire fes funeftes effets , fi elle n'eft
″ retenue par la raifon aidée de la grace ″.
C'eft ainfi que cet Auteur fi eftimé & fi ju-
dicieux parle de l'ignorance. Comme donc la
lecture eft un des principaux moyens de fe
délivrer de ce mal funefte , & d'acquérir la
connoiffance de la Religion , on peut dire ce

(f) Voyez le Difcours fur la néceffité d'étudier la
Religion Chrétienne , au commencement du Livre intitulé : *Expofition de la Doctrine Chrétienne.* C'eft un
Ouvrage excellent & très-propre à s'inftruire. La nouvelle Edition revue & augmentée par l'Auteur , eft de
1754, en 4 vol. *in-12.*

que nous avons avancé par rapport aux sciences naturelles, que c'est contribuer au progrès de la doctrine Chrétienne, que de faciliter les moyens d'apprendre à lire. Ce motif
seul est capable de déterminer les Maîtres Chrétiens à embrasser avec ardeur la Méthode qui
est la plus aisée, & qui demande moins de
temps, non - seulement afin que les enfants
parviennent plutôt à cette connoissance, mais
encore dans la vue que les personnes plus a-
vancées en âge, qui ne sçavent pas lire, &
qui ont de la bonne volonté, voyant qu'il
faut peu de temps pour y parvenir, se dé-
terminent à entreprendre un travail d'une courte durée qui pourra leur procurer de si grands
avantages.

Concluons de tout ce que nous venons de
dire, que l'Art d'apprendre à lire est l'Art des
Arts, l'Art par excellence. Combien donc les
Maîtres & les Maîtresses qui sont chargés d'e-
xercer cet Art admirable envers les enfants, se
rendroient-ils coupables aux yeux de Dieu, &
des hommes même, s'ils négligeoient de s'instruire de ce qui peut contribuer à sa perfec-
tion, & de l'exercer avec tout le soin & l'application possibles à l'égard de leurs tendres
Éléves, si chéris de Jesus-Christ notre Maî-
tre, & le modele que nous devons imiter!
Ils seroient d'autant plus inexcusables, que
ces observations pour la lecture se réduisent
à un petit nombre : (je parle de celles qui
sont particulieres & essentielles à la nouvelle Méthode, & non pas de celles qui sont
communes aux deux, ou seulement accef-
soires à celle-ci). Nous avons réduit, comme nous l'avons dit, tout ce que nous proposons sur ce sujet, à quatre moyens que l'on trouvera expliqués en détail dans le petit Ecrit sui-

vant. Nous nous eſtimerions heureux s'il pou-
voit contribuer à l'éducation de la Jeuneſſe,
& à l'inſtruction de ceux qui, étant dans un
âge plus avancé, ont peut-être encore plus de
beſoin des facilités que nous avons deſſein de
leur procurer.

Fin de la Préface.

METHODE NATURELLE

POUR

APPRENDRE A LIRE;

O U

MOYENS D'APPRENDRE A LIRE

FACILEMENT ET EN PEU DE TEMPS.

CETTE Méthode contient deux Parties très-courtes : la premiere renferme l'expofition des Regles dans lefquelles elle confifte, & les raifons qui montrent la néceffité de ces Regles : la feconde eft deftinée à faire l'application des mêmes Regles à un grand nombre d'exemples, afin que les enfants acquierent l'habitude de faire de femblables applications. Ces exemples font précédés de différentes Tables qui contiennent ce qu'il faut que les enfants fçachent, afin qu'ils puiffent épeller aifément & en peu de temps, felon la Méthode qu'on propofe ; & à la fuite des exemples on a mis les conjugaifons des deux verbes auxiliaires *avoir*, *être*, & des deux autres *prier*, *lire*, l'un de la premiere conjugaifon, & l'autre de la quatrieme. Comme les mots contenus dans ces quatre verbes font fort courts, les enfants n'auront pas de peine à les lire, après qu'ils auront été exercés fur les exemples qui précedent. De plus, ces conjugaifons qui coh-

tiennent une suite de mots qui ont rapport les
uns aux autres, serviront d'amusement aux enfants, qui aiment ordinairement à répéter les
mots qu'ils sçavent. Après ces verbes on a mis
quelques prieres qu'on leur a appris par cœur,
& quelques maximes tirées de l'Ecriture-sainte,
qui sont propres à leur former le cœur en même
temps que les Maîtres travaillent à cultiver leur
esprit. Enfin on a ajouté quelques remarques
qui serviront à leur apprendre à lire en latin.
Cette seconde Partie est, comme on voit, desti-
née à être mise entre les mains des enfants :
c'est pourquoi elle sera imprimée en caracteres
& en un *forma* différents.

PREMIERE PARTIE.

Exposition des Regles de la Méthode.

1°. IL faut changer le nom ou la dénomination de la plûpart des consonnes, mais
surtout de neuf ou dix, qui sont d'abord les six
dont les noms commencent par un *e*, sçavoir,
f, *l*, *m*, *n*, *r*, *s* : plus trois autres dont les
noms n'ont aucun rapport avec le son des syllabes où elles se trouvent : ce sont *h*, *x*, *z* ;
il faut nommer ces neuf consonnes en supposant un *e* muet à la suite, en cette sorte : *fe*,
le, *me*, *ne*, *re*, *se*, *he*, *xe*, *ze* : enfin il faut
changer aussi le nom du *g*, que l'on nommera
gue, comme dans la derniere syllabe du mot
langue, tant parce que c'est le son propre de
cette lettre avant les voyelles *a*, *o*, *u*, qu'afin
d'en rendre la dénomination plus différente de
celle du *j* : sans cela les enfants pourroient con-
fondre les noms de ces deux consonnes d'autant plus aisément, que le *g* prend le son du *j*
avant

avant l'*e* & l'*i*, comme on le voit dans les mots *gêne* & *gîte*, qui se prononcent comme si on écrivoit *jêne* & *jîte*.

La nécessité de changer la dénomination de ces consonnes est fondée sur ce principe que dicte la droite raison : c'est que *LES SONS DES LETTRES QUI COMPOSENT UNE SYLLABE, DOIVENT AVOIR RAPPORT AU SON DE LA SYLLABE,* afin que les premiers conduisent à celui que l'on cherche, & qu'ils le fassent trouver. Or si on conserve aux consonnes en question les noms qu'on a coutume de leur donner, non-seulement les sons de ces lettres ne conduisent pas à celui de la syllabe qu'elles composent, mais même ils y sont opposés & en détournent ; cela paroîtra dans quelques exemples. Prenons d'abord le mot *souffrir* ; si l'on réunit tous les sons des noms ordinaires des lettres qui le composent, on aura le mot *esse-o-u-effe-effe-erre-i-erre.* Or je demande quel rapport il y a entre tous ces sons réunis, & les deux du mot *souffrir ?* Il est visible qu'il n'y en a aucun, excepté les sons des voyelles. Prenons encore le mot *éléments :* les sons réunis des lettres de ce mot sont, selon les dénominations ordinaires, *é-elle-é-emme-é enne-té-esse.* Or il est sensible que ces sons n'ont point de rapport avec les trois sons du mot en question, en exceptant toujours les voyelles.

Au contraire, en nommant les consonnes comme nous avons dit, un enfant trouvera aisément ces deux mots & les autres, lorsqu'on lui aura fait sentir par plusieurs exemples que quand on épelle, il faut, après avoir nommé les consonnes avec l'*e* muet ou fermé, il faut, dis-je, supprimer cet *e* pour exprimer le son de chaque syllabe. C'est la seule précaution à prendre pour épeller, je veux dire la seule qui

vienne de la dénomination des lettres; au lieu
que selon l'ancienne Méthode il faut obferver
celle-ci & plufieurs autres regles, à caufe de la
variété & de la bifarrerie des noms que l'on y
donne aux confonnes; ce qui trouble les enfants
& les déconcerte, comme auffi tout autre qui
apprend à lire.

Il faut bien remarquer le principe que nous
avons rapporté ci-deffus, fçavoir que *les fons*
des lettres qui compofent une fyllabe, doivent avoir
du rapport au fon de la fyllabe : il eft effentiel &
fondamental en cette matiere; c'eft faute d'y
avoir fait attention que l'on a confervé fi long-
temps l'ancienne Méthode, qui eft néanmoins
contraire au fens commun.

Nous avons dit qu'il faut changer la dénomination de la plûpart des confonnes, mais
pour les trois premieres qui font *b*, *c*, *d*, que
l'on a toujours dans la bouche quand on parle
de l'alphabet, il eft plus à propos de leur laiffer les noms auxquels on eft accoutumé, tant
parce qu'il n'y a pas de néceffité de les changer, que parce que ce changement révolte les
gens de la Campagne, & plufieurs autres qui
ne veulent pas qu'on enfeigne la nouvelle Méthode à leurs enfants à caufe de ces change-
ments; ils font choqués fur-tout des doubles
noms qu'on donne à quelques confonnes,
comme quand on appelle le *c*, *que-ce*, & le *g*,
gue-je. La méthode qu'on propofe ici eft différente de l'ancienne & de la nouvelle telle
que la propofent plufieurs Auteurs : c'eft,
comme nous l'avons intitulé, *La Méthode na-*
turelle.

Il convient auffi de laiffer au *k* fa dénomination, tant parce que cette lettre eft étran-
gere à notre Alphabet, & n'eft en ufage que
pour les mots étrangers, que parce qu'il ne
faut pas lui donner le même nom qu'à la lettre *q*.

2°. Il faut donner à l'*e* muet le son marqué par *eu* dans la premiere syllabe de *peuple* : ce son se fait sentir dans les petits mots suivants, *le*, *me*, *ne*, *se* : on ne peut prononcer séparément une syllabe où se trouve l'*e* muet, sans donner à cet *e* le son que nous marquons, comme il paroît par la derniere syllabe des mots *arbre*, *créature*, *monde*, qui se prononcent en épellant comme s'il y avoit *breu*, *reu*, *deu*. Si on donnoit à cet *e* le son de l'*e* qu'on appelle fermé, comme on a coutume de faire en épellant, ces dernieres syllabes seroient *bré*, *ré*, *dé*. Au reste il seroit à propos de faire prononcer les syllabes où se trouve l'*e* muet sans les épeller, cela seroit plus aifé & plus court : ainsi en faisant épeller les mots *arbre*, *créature*, *monde*, il faudra prononcer les dernieres syllabes *bre*, *re*, *de*, tout d'un coup sans les épeller, parce que l'on prononce ces syllabes entieres, quand on veut exprimer *br*, *r*, *d* ; car on ne peut exprimer *br* sans dire *bre* ; & de même on ne peut exprimer *r* sans dire *re* : c'est la même chose pour *d*.

Il seroit bon aussi de ne faire remarquer d'abord aux enfants que les deux fortes d'*e* dont nous avons parlé, l'*e* muet & l'*é* fermé, afin d'éviter la confusion dans leur esprit, & de ne pas trop multiplier les difficultés dans les commencements ; ce qui ne manque gueres de les embarrasser & de retarder leurs progrès.

3°. On ne donnera qu'un son à deux consonnes, ou même à trois qui se trouvent de suite dans une même syllabe : il faut les nommer en supposant un *e* muet après ces consonnes, lorsqu'on épelle un mot : ainsi pour épeller la premiere syllabe du mot *blâmer*, je dirai *ble-a bla*, &c.

Voici une Table des assemblages les plus

ordinaires de deux confonnes avec des mots qui les contiennent, pour fervir d'exemples.

Table des affemblages de deux confonnes.

bl.	blancheur, louable.		pf.	pfeaume, apocalypfe.
br.	bras, chambre.		rh.	rhume, rhône.
ch.	château, coche (*a*).		fc.	fcandale, fcorbut (*b*).
cl.	clarté, boucle.		fp.	fpatieux, fpirituel.
cr.	croire, fiacre.			
dr.	drapeau, flandre.		ft.	ftatue, zeft.
fl.	flatteur, pantoufle.		th.	théologie, antipathie.
fr.	frapper, foufre.		tr.	trace, plâtre.
gl.	gland, épingle.		vr.	vrai, pauvre.
gn.	agneau, montagne.			
gr.	grand, maigre.			
ph.	phrafe, philofophe.			
pl.	place, peuple.			
pr.	prêter, propre.			

Pour faire ufage de cette Table & des fuivantes dans une Ecole, il faudroit les copier fur des cartons en grandes lettres.

S'il y a trois confonnes de fuite dans une fyllabe, comme dans la premiere des mots *fcrutin*, *ftratagême*, on exprimera pareillement ces trois confonnes par un feul fon, lorfqu'on épelle en fuppofant un *e* muet à la fuite : ainfi on dira, *fcre*, *ftre*.

4°. Il faut apprendre le fon que l'on donne aux voyelles compofées, aux voyelles nafales & aux diphtongues, & lorfqu'on épelle il faut

___

(*a*) Le *h* ne fe prononce pas après le *c* dans bien des mots, comme *archange*, *euchariftie*.

(*b*) Il y a plufieurs mots dans lefquels le *c* qui eft après le *f* ne fe prononce pas, comme dans les fuivants, *fcience*, *fçavoir*, *fceller*, *fceau*, &c.

exprimer par un feul fon ces voyelles & ces diphtongues.

Les voyelles compofées font celles qui font compofées de deux ou trois voyelles fimples, & qui n'expriment cependant qu'un feul fon fim-ple ; comme *ai* , *au* , *eau*.

Les voyelles nafales font des voyelles fim-ples ou compofées, fuivies immédiatement des confonnes *m* ou *n*, avec lefquelles elles ne font qu'un fon ; telles font *an* , *am* , *ain* , *aim* , dans les mots *antre* , *ample* , *ainfi* , *effaim* d'abeilles.

Les diphtongues font des affemblages de deux ou de plufieurs voyelles qui fe font fentir chacune féparément dans une même fyllabe ; telles font *ia* , *ie* , *ion* , *oin* , dans les mots *fiacre* , *piece* , nous *voulions* , *coin*.

Voici des Tables de ces trois efpeces d'af-femblages, avec des exemples qui feront con-noître le fon qu'il faut donner à chacun. Nous ne faifons pas ici une Lifte complette de tous ces affemblages , nous rapportons feulement ceux qui font les plus fréquents & les plus ufi-tés pour la lecture.

Son des voyelles côpofées.

Table des voyelles compofées.

è ouvert.	ai.	punaife , maifon.
é fermé.	ai.	je dirai , je ferai.
o.	au , aux.	auteur , maux.
o.	eau , eaux.	marteau , tableaux.
è ouvert.	ei.	feigneur , peigne.
	eu , eux.	peuple , heureux.
	eur, eurs.	couleurs , fleurs.
è ouvert.	oi, ois, oit.	foible, je connois, j'al-lois , il alloit.
è ouvert.	{ oient.	ils alloient, ils venoient.
	{ eoient.	ils mangeoient, ils chan-geoient.
	ou.	ouvrage , coucou.

Table des voyelles nasales.

an, ant.   ancien, plan, croiſſant.
am.   ambre, chambre.
ain.   maintient, pain.
aim.   faim, daim.
ean, eant. océan, nageant.
ein.   peindre, deſſein.
{ en, ent.   enfin, parent.
{ ents *ou* ens éléments, *ou* élémens.
em.   empire, empêcher, (*a*).
in.   injuſte, enfin.
im.   impie, impreſſion.
on, ons, ont. oncle, nous faiſons, ils feront.

Table des diphtongues.

ie.	ciel, cierge.	ien.	bien, ſoutient.
io.	fiole, pionnier.	ion.	écoutions, faiſions.
oe.	moêlle, boête.		
oi.	boire, emploi (*).	oin.	loin, ſoin.
ui.	nuiſible, celui.	oui.	enfoui, oui.
ieu, ieux.	lieu, mieux.	uin.	ſuinter, juin.

(*) *oi* eſt une diphtongue dans cette Table, & une voyelle compoſée dans la Table qui contient ces voyelles ; mais le ſon qu'il a dans ces deux Tables n'eſt pas le même, comme il paroît par ces exemples.

Nous ne parlons pas ici de pluſieurs choſes qu'il faut faire remarquer aux enfants, telles que ſont les diſtinctions de pluſieurs ſortes d'*e*, différents de l'*e* muet & de celui qu'on appelle

(*a*) *em* & *en* ſe prononcent ordinairement comme *an* : ainſi l'*e* avant *m* ou *n* prend le ſon de l'*a* ; c'eſt ce qui arrive preſque toujours quand l'*e* & la conſonne *m* ou *n* forment une même ſyllabe.

fermé, l'ufage des accens & de l'apoſtrophe, les différentes valeurs ou prononciations des lettres fuivantes, *c* , *g*, *s*, *t*, *x*, & plufieurs autres obfervations que nous renvoyons au petit Traité des Eléments de la Grammaire.

Reprenons en peu de mots ce que nous venons d'expofer plus au long. Voici donc ce qu'il y a à faire pour en venir à la pratique quand il s'agit d'épeller ; 1°. nommer les confonnes de la maniere que nous l'avons dit ; 2°. exprimer tout d'un coup, fans épeller, les fyllabes qui contiennent un *e* muet ; que fi on vouloit les épeller, il faudroit donner à l'*e* muet le fon marqué par la voyelle compofée *eu*, comme dans le mot *peuple* ; 3°. prononcer par un feul fon deux ou trois confonnes quand elles fe trouvent de fuite dans une même fyllabe : ce fon eſt celui qui eſt déterminé par l'*e* muet que l'on imagine après ces confonnes ; 4°. enfin exprimer par un feul fon fans épeller, foit les voyelles compofées, foit les voyelles nafales, foit les diphtongues. Voilà en quoi nous faifons confiſter effentiellement la nouvelle Méthode, qui a cet avantage ineſtimable fur l'ancienne, que quand on connoît les lettres avec les voyelles compofées, les voyelles nafales & les diphtongues, on peut trouver le fon des fyllabes : ce qui n'eſt pas poſſible avec l'ancienne Méthode, fans avoir appris avec beaucoup de peine quel fon il faut donner aux fyllabes, quoiqu'on fçache bien les fons qu'on donne aux confonnes dans cette Méthode.

Il faut encore faire attention , lorfqu'on veut trouver le fon d'une fyllabe, que le fon de l'*e* , foit muet, foit fermé , que l'on exprime lorfqu'on nomme féparément une confonne ou qu'on en nomme deux enfemble, que ce fon, dis-je , doit être fupprimé lorfqu'on veut énoncer le son d'une syllabe : suppofons, par exemple, qu'on veuille trouver le son de la premiere syllabe du mot *marteau*, il ne faut pas dire *meare* en faifant fonner les deux *e* que l'on voit écrits ici ; mais il faut supprimer ces deux *e*, & il reftera le fon marqué par *mar* : c'eft ce fon que l'on cherche. La pratique de cette obfervation eft commune à l'ancienne & à la nouvelle Méthode.

Nous allons voir par quelques exemples combien l'exercice d'épeller devient facile & naturel en obfervant ce que nous venons de dire. Prenons pour premier exemple le mot *france*. Si on vouloit épeller ce mot felon la Méthode ordinaire, il faudroit faire dire à l'enfant les fons fuivants, *effe-erre-a-enne-cé-é*, & lui faire conclure, malgré le bon fens, que tous ces fons forment celui qu'on exprime par le mot *france* ; ce qui répugne à la raifon & au fentiment naturel qui fe trouve déja dans les enfants, quoiqu'il ne foit pas encore bien développé. Il faut donc dire *fr-an fran, ce, france*. (On fe fouviendra que *fr* fe prononce comme *fre*, & que le *ce* fe prononce tout d'un coup fans épeller, à caufe de l'*e* muet.) Rien de plus naturel que cette Méthode, au lieu qu'en fe fervant de la précédente on ne parvient au fon du mot qu'en forçant la nature. De même pour épeller le mot *prendre*, je dirai *pr - en pren, dre, prendre* : j'épellerai les mots *blâmable* & *louable* en difant, *bl-a bla, m-a ma, blama, ble, blâmable*; *l-ou lou, a loua, ble, louable* ; (je fuppofe toujours qu'en épellant on prononce les confonnes à l'aide de l'*e* muet, excepté les trois premieres, qu'il eft bon de nommer avec l'*e* fermé.) Pour *chanfon*, je dirai, *ch-an chan, f-on fon, chanfon* ; pour *chapitre*, je dirai, *ch-a cha, p-i pi, cha-*

pi, *tre* , *chapitre* ; pour *château* , *ch-a cha* , *t-eau teau* , *château* ; *fleur* , *fl-eur fleur*. Il faudroit n'avoir ni goût ni diſcernement pour ne pas ſentir que cette Méthode d'épeller eſt infiniment plus naturelle & plus aiſée que l'ancienne, & qu'elle eſt auſſi beaucoup plus courte.

F I N.